Bon HENRY DARD

LA MORALE UTILITAIRE DANS LE DROIT INTERNATIONAL

A PROPOS DES BOERS

(Extrait de la Revue de Lille, *1899 1900)*

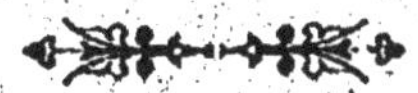

SUEUR-CHARRUEY
IMPRIMEUR-LIBRAIRE-ÉDITEUR

ARRAS
10, Rue des Balances

PARIS
Rue de Vaugirard 41

Bon Henry DARD

LA MORALE UTILITAIRE DANS LE DROIT INTERNATIONAL

A PROPOS DES BOERS

(*Extrait de la* Revue de Lille, *1899-1900*)

SUEUR-CHARRUEY
IMPRIMEUR-LIBRAIRE-ÉDITEUR
ARRAS 10, Rue des Balances
PARIS Rue de Vaugirard, 41

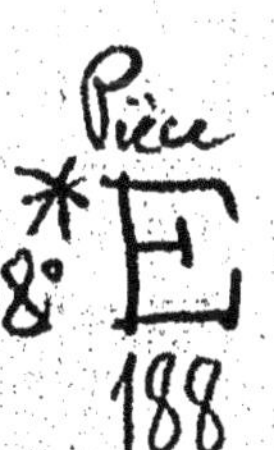

LA MORALE UTILITAIRE DANS LE DROIT INTERNATIONAL

A PROPOS DES BOERS

M. Demolins, l'auteur de l'ouvrage bien connu : *A quoi tient la supériorité des Anglo-Saxons,* et l'admirateur fervent de la nation anglaise, vient de publier dans la *Science sociale* sur la question du Transvaal, un article (1) qui est en train de faire quelque bruit dans les milieux où l'on pense.

M. Demolins n'est pas un de ces hommes qui se contentent d'accepter sans contrôle les idées reçues ; son esprit est plus original et sa science plus profonde. Le nouveau ne l'effraie pas ; la hardiesse des déductions l'attire ; il se complaît dans l'imprévu des conclusions.

Les faits contingents, les événements actuels ne sauraient davantage troubler la sérénité de M. Demolins lorsqu'il échafaude une thèse ; sa science sociale est assez vaste pour embrasser d'un seul coup d'œil toute l'histoire du monde, sans s'arrêter aux petitesses de l'opinion courante ou aux mesquineries de l'au jour-le-jour (2). Et de la sorte planant dans les régions de la haute spéculation intellectuelle, M. Demolins arrive à dégager les lois historiques de l'évolution humaine et à déterminer les préceptes de la morale sociale avec une précision qui ne le dispute qu'à l'élévation des vues.

Ainsi donc, s'appuyant sur les Grecs, les Phéniciens, les Romains, les Barbares, les Français, les Espagnols, les Portugais, et même les Américains des États-Unis — qui sont évidemment des modèles remarquables en fait de moralité internationale — M. Demolins

(1) *Boërs et Anglais ; où est le Droit ?*

(2) Ainsi, pour M. Demolins, l'histoire des mines d'or n'existe pas ; « c'est une légende « de dossier secret », s'écrie-t il, laissant ainsi percer le bout de l'oreille.

arrive à démontrer que les Anglais ont raison et que les Boërs ont tort.

L'annonce de cette importante découverte de M. Demolins aura sans doute rassuré la conscience si scrupuleuse et si délicate du loyal M. Chamberlain, et permis à *the old Lady* de déguster son whisky avec une beaucoup plus parfaite tranquillité d'âme.

Comme cet article ne tombera certainement jamais ni entre les mains de Sa Gracieuse Majesté ni entre celles — plus rouges de sang que les mains de n'importe quel criminel, a dit un député irlandais — du ministre des colonies de l'Empire Britannique, je n'aurais pas le scrupule de troubler la paix intérieure de ces deux belles âmes, en expliquant pourquoi la nouvelle théorie de M. Demolins a laissé quelque peu sceptiques certaines gens, évidemment arriérés, dont je suis.

***

Mais comme il faut être clair, essayons avant de réfuter, de résumer les idées émises par l'écrivain de la *Science sociale*.

Le premier paragraphe de l'article est un aperçu historique dans lequel l'auteur rappelle que depuis la plus haute antiquité, les peuples les plus avancés en civilisation ont toujours envahi et finalement absorbé les races les plus arriérées, et, dit M. Demolins, « *Quand la chose est faite, personne ne prétend plus qu'il faille la* « *défaire, ni au nom de l'équité, ni au nom du bien.* »

Les Boërs n'en ont pas agi autrement avec les Hottentots et les Cafres, et au dire de M. Demolins, se sont conduits comme de vulgaires Anglo-Saxons avec les indigènes du Sud-Africain.

Avec le second paragraphe, nous entrons dans le vif du sujet. Nous voyons que ces substitutions d'une race supérieure à une race inférieure « sont régies par une loi dont toute l'histoire témoigne. « *Cette loi n'est pas basée sur le droit du premier occupant*, comme le proclament tant de gens peu réfléchis. » Comme M. Demolins n'est pas de ceux-là, il proclame bien haut un autre droit, celui de la *supériorité sociale*. Ce droit là, les nations européennes l'ont toujours invoqué pour justifier leur expansion coloniale, et M. Demolins s'étonne — non sans raison peut-être — que les mêmes nations, si pressées d'invoquer la supériorité sociale à leur profit et au détriment des sauvages, continuent au contraire d'affirmer le droit du premier occupant dans leurs rapports entre elles. Il y a là évidemment un manque de logique éminemment diplomatique et il n'y a pas à nier « le mauvais cas dans lequel l'humanité s'est mise à propos de cette question des nationalités. »

Heureusement que M. Demolins est là pour tirer d'embarras cette pauvre humanité ; l'Europe n'a pas à renoncer à ses possessions coloniales et peut « rassurer sa conscience », car « *le monde n'ap-* « *partient pas au premier occupant, les faits le démontrent assez ; il* « *appartient aux peuples qui possèdent la supériorité sociale.* »

Tout le monde — sauf les gens peu réfléchis, — sait que la supériorité sociale appartient incontestablement aux Anglo-Saxons, et M. Demolins ne s'attarde pas à démontrer cet axiome ; mais comme la supériorité ou l'infériorité sociale des Boërs est moins connue, l'auteur consacre son paragraphe III à dépeindre sous les plus noires couleurs les citoyens du Transvaal et de la République d'Orange. Ainsi nous apprenons avec horreur « qu'ils vivent dans « un isolement farouche sur leurs domaines qui ont souvent plus de « 10,000 hectares » ; sur la foi de ce qu'écrivait, il y a dix ans, Élisée Reclus, nous avons le regret de constater qu'ils « ignorent la musique, l'art, la littérature » ; que « leur part dans l'exploration « scientifique de la contrée a été presque nulle ; » enfin que « l'édu- « cation des enfants et le journalisme sont principalement entre les « mains des Anglais ».

Après un certain nombre de preuves analogues de l'infériorité des Boërs, la conclusion s'impose : « Il faut que les Boërs égalent leurs « vainqueurs (1); faute de quoi M. Demolins leur signifie un congé en bonne et due forme : « Ils n'auront plus qu'à remonter sur leurs « chariots, et à reprendre la vie nomade dont ils ont malheureuse- « ment conservé les habitudes et à refluer plus au nord. Là ils refou- « leront et ils massacreront encore quelques tribus sauvages dont « ils se partageront les territoires, jusqu'au jour où la poussée « anglo-saxonne grandissante viendra encore les forcer à aller « plus loin vers l'équateur. »

Ici finit le paragraphe III ; le paragraphe IV commence ainsi :

(1) M. Demolins écrivait il y a un mois...

« Arrivé à ce point le lecteur, bouleversé dans ses idées toutes « faites, doit se demander ce que deviennent, en face de cette loi, « les droits de propriété du sol et de souveraineté de territoires. »

— Nous allons l'apprendre : la propriété existe dans l'intérêt public et se trouve limitée par lui. Il en est de même du droit de souveraineté ; « La nationalité ne peut pas se maintenir là où elle fait « obstruction au progrès de l'espèce humaine. » Cette doctrine n'est ni conservatrice ni révolutionnaire, ou plutôt elle est conservatrice, sans le vouloir quand elle proclame les droits de propriété et de souveraineté ; mais aussi elle est révolutionnaire sans l'avoir cherché, lorsqu'elle limite ces mêmes droits par l'intérêt public et le progrès de l'espèce humaine. Et M. Demolins termine sa démonstration en félicitant la science sociale de planer ainsi au-dessus des partis et de laisser apercevoir « la formule juste, positive, prise dans « les faits entre deux formules exclusives... »

Avec le paragraphe cinquième et dernier, nous redescendons sur la terre, et M. Demolins consent à nous avouer que, si la loi sociale qu'il vient de démontrer, est inéluctable, il n'en faut pas conclure à la parfaite honnêteté de tous ceux qui travaillent à la réaliser. « Le « major Jameson a bien réellement commis un acte de brigan- « dage. » Nous nous en doutions un peu, mais nous ne soupçonnions pas qu'on puisse aussi facilement l'excuser « parce qu'aucun peuple, « pas même la France, n'a les mains nettes. »

D'ailleurs tout cela importe peu, du moment que le monde est partagé entre les nations les plus civilisées. Et ce partage, M. Demolins l'opère séance tenante ; pour la France, rien de plus aisé : nous avons déjà reçu notre part en Asie et en Afrique et elle est suffisante pour nos forces. « La Russie a son transsibérien et sa vallée de Hoang- « Ho en Chine, avec une flotte sur le Pacifique. » — Encore une dont le compte est bon. Quant à l'Allemagne, M. Demolins lui donne un assez joli petit morceau d'Orient, après quoi il attribue à l'Angleterre tout le sud de l'Afrique « qui est le chemin des Indes par le « Cap. La route de Suez est trop sujette à être coupée. »

Pour aboutir à ce partage, l'écrivain recommande de procéder par l'arbitrage, ce qui évidemment éviterait des guerres entre les grandes nations, mais ne nous paraît aucunement empêcher la destruction violente des petites qui, dans l'hypothèse de M. Demolins, feraient les frais de l'entente.

Il est vrai que l'histoire a des retours, et un jour viendra peut-être où les grandes nations d'aujourd'hui auront déchu et où quelque nouveau Demolins retournera contre elles les théories que nous venons d'analyser. Qu'elles ne s'en plaignent pas : « C'est la loi » dit M. Demolins.

* * *

Pour répondre aux vingt et quelques pages de M. Demolins, il faudrait non pas autant d'articles, mais presque autant de volumes. C'est un monceau d'idées qu'a remué le collaborateur de la *Science sociale*, en mêlant parfois un petit peu de vérité à beaucoup d'erreurs. Le mélange n'en est d'ailleurs que plus dangereux, et il importe de ne pas laisser sans réfutation ces principes sociologiques nouveaux, infiniment dissolvants pour la société.

M. Demolins a peut-être fait de la science sociale ; mais, il y a, à côté de celle-ci, une morale sociale, de même qu'à côté des faits, il y a le Droit. Si le monde était régi par les lois qu'a cru dégager M. Demolins, la morale en serait bannie dans les rapports internationaux, ou tout au moins, elle y prendrait la forme d'une morale utilitaire qui, mauvaise pour les individus, l'est également pour les peuples. Ceux qui réfuteront M. Demolins feront donc une bonne œuvre ; je n'en ai pas l'outrecuidante prétention, mais il me sera permis d'exposer simplement les quelques raisons qui font que je n'adhérerai jamais, dans mon petit bon sens, aux conclusions imprévues de l'admirateur des Anglo-Saxons.

Ces raisons, je les résume ainsi : je crois que les faits ne sont pas aussi absolument d'accord avec la thèse de M. Demolins que celui-ci veut bien le dire ; je crois qu'en tout cas la supériorité sociale, non plus que l'intérêt prétendu du genre humain que l'on confond avec elle, ne sauraient légitimer les conquêtes violentes ; je crois enfin qu'au-dessus des faits, il y a le Droit et que le Droit consacre en matière internationale, deux principes, l'un que M. Demolins repousse et qui est la priorité d'occupation, le second que M. Demolins laisse complètement de côté et qui a nom le respect des conventions.

***

Et d'abord l'envahissement et l'absorption des peuples inférieurs, par les races supérieures sont-ils vraiment les lois inéluctables de l'humanité ?

Dans une même vue d'ensemble, embrassant toute l'histoire de l'humanité, M. Demolins nous parle des Grecs et des Phéniciens s'établissant en Gaule ou en Afrique, des Romains étendant leur empire chez les Barbares, enfin, dans les temps modernes de l'expansion européenne en Amérique d'abord, en Asie, en Afrique, en Océanie ensuite.

A cette façon de procéder, on pourrait faire le grave reproche de manquer quelque peu de précision.

On parle de l'éviction des races inférieures par les races supérieures et on nous dit que c'est la loi de l'humanité. Mais en quoi consiste cette éviction ? Est-ce la dépossession de la seule souveraineté? ou la dépossession de la souveraineté et du sol tout à la fois ? Et quant aux individus, est-ce la juxtaposition des deux races vivant côte à côte sur le même territoire ? Est-ce la fusion entre elles, fusion aboutissant à la formation d'une troisième race véritablement nouvelle ? ou bien est-ce l'assimilation de la race inférieure à la race supérieure ? ou encore la destruction plus ou moins complète de la première par la seconde ?

Une loi sociale est comme une loi physique, elle agit inintelligemment dans un sens donné, de telle sorte que les mêmes causes doivent toujours produire les mêmes effets. Dans quel sens agit donc la loi de M. Demolins, et à quel résultat précis aboutit finalement l'éviction qu'elle consacre ?

Autant de questions que M. Demolins ne résout pas. Et de fait presque chaque exemple qu'il fournit, rappelle un mode d'éviction différent. Ainsi quand les Français ont évincé les Arabes, ils ne leur ont pris que la souveraineté, tandis que l'éviction des Indiens par les races européennes a abouti à leur presque complète destruction.

Non seulement M. Demolins assimile des faits historiques présentant entre eux des différences profondes, comme la conquête française en Algérie et la conquête espagnole dans l'Amérique du Sud, mais encore il classe sous la même rubrique toute une série d'événements où les mêmes peuples sont en cause, mais entre lesquels cependant des distinctions s'imposent.

Ainsi la conquête romaine n'a pas agi partout de la même façon, les Barbares ont été plus ou moins dépossédés, plus ou moins assimilés, plus ou moins détruits.

Les Romains ont d'ailleurs assis leur domination chez certains peuples qui n'étaient guère barbares (1), si l'on prend ce mot dans son sens relatif à la plus ou moins grande civilisation. Je ne vois pas très nettement prouvée la supériorité sociale de Rome sur Carthage, et pourtant Rome a détruit Carthage — qui était quelque chose comme l'Angleterre de l'époque, n'en déplaise à M. Demolins.

Jérusalem a pareillement été saccagée, et bien que je n'aie guère de sympathie à l'endroit du peuple hébreu, celui-ci ne m'apparaît pas comme ayant été alors inférieur en civilisation à ceux qui ont rendu à l'espèce humaine le service contestable de disperser les Juifs aux quatre coins du monde.

Voilà donc des faits qui montrent d'une part des races supérieures s'implantant chez des peuples inférieurs selon des modalités très différentes, et d'autre part des luttes violentes entre deux races dont l'une n'est pas manifestement inférieure à l'autre.

Mais il y a mieux : l'histoire nous fait parfois assister à l'éviction des races supérieures par les races inférieures.

M. Demolins rappelle la conquête romaine subjuguant les Barbares, — ou du moins certains Barbares, — mais il oublie que plus tard, les Barbares, prenant leur revanche, ont abattu l'Empire romain, et que ce petit événement a eu sur l'histoire du monde une certaine influence ; on pourrait même avancer, non sans vraisemblance, que la conquête romaine a moins profondément réagi sur les destinées de l'Europe et du monde que l'invasion des Barbares.

Les Romains, peuple supérieur, ont civilisé partout où ils ont passé ; mais la civilisation qu'ils avaient semée, a été détruite, avec leur domination, sous l'avalanche humaine qui submergeait de toutes parts la société romaine expirante.

Jamais les Romains, peu nombreux, n'avaient pu détruire ou s'assimiler complètement les Barbares. Ceux-ci, au contraire, — tout infé-

(1) M. Demolins ne parle que de la conquête romaine sur les Barbares. Il faudrait pourtant définir ce qu'il entend par ce mot Barbares.

rieurs qu'ils étaient. — parce qu'ils étaient le nombre, effacèrent dans certaines contrées les dernières traces du passage des Romains.

Dans d'autres régions, des vestiges imposants de la domination romaine, parurent à la vérité demeurer debout, encore le plus souvent ne furent-ils conservés qu'avec des altérations profondes, de telle sorte qu'au lieu de demeurer comme des débris de l'édifice romain, ils devinrent les ornements du nouvel édifice barbare.

Longtemps, en Gaule, coexistèrent la population gallo-romaine et la nouvelle population franque; longtemps chacune d'elles garda ses lois distinctes. Mais deux peuples et deux législations ne sauraient subsister indéfiniment côte à côte sur un même territoire et réunis sous une même souveraineté; si l'une des races ne détruit pas l'autre, les deux s'assimilent pour en former une nouvelle, et de même que les races fusionnent, les législations se pénètrent et se condensent en un droit nouveau.

C'est ce qui devait se produire dans l'ancienne Gaule : Francs et Gallo-Romains devaient, par leur réunion, former le peuple Français, peuple aux origines complexes, mais de race unifiée.

Le même phénomène de pénétration qui s'opérait entre les races, agissait aussi entre les lois; ici dominait la *lex barbara*, là la *lex romana*, mais toujours avec quelque altération de l'une par l'autre. Les circonstances historiques empêchaient l'unité législative nationale de s'accomplir, mais du moins la loi perdait son caractère de personnalité, pour prendre celui de la territorialité. Dans un même coin de France, il n'y avait plus deux lois en présence pas plus qu'il n'y avait deux races; une seule loi restait parce qu'une race unique s'était faite.

On a pu discuter pour savoir laquelle des deux races, franque ou gallo-romaine, avait davantage contribué à la formation de la race française.

Toute l'histoire du droit français tient pour ainsi dire dans ce problème, et si la querelle entre germanistes et romanistes n'a plus aujourd'hui qu'un intérêt rétrospectif, il n'en faut pas moins la rappeler ici.

Boulainvilliers, germaniste, soutenait que les nobles étaient les successeurs des Germains et que les Gallo-Romains avaient été réduits en servitude (1).

(1) *Histoire de l'Ancien Gouvernement de la France*, 1727.

L'abbé Dubos, romaniste, prétendait au contraire que ces derniers n'avaient perdu aucun de leurs droits avec la conquête barbare.

Montesquieu, dans l'*Esprit des Lois*, contribua à élucider ce problème, admettant avec Boulainvilliers, qu'il y eut conquête, avec Dubos que l'élément romain persista.

Mably, de son côté, soutint que les Barbares avaient affranchi les Gallo-Romains du joug impérial.

Plus près de nous, Fustel de Coulanges fut un romaniste décidé, et le savant allemand Sohm ne fut pas moins décidé germaniste.

M. Glasson soutient que les Barbares agirent vis-à-vis de l'Eglise comme des protecteurs, vis-à-vis des Gallo-Romains comme des conquérants, mais néanmoins il se refuse à admettre l'opinion extrême pour laquelle la conquête aurait été spoliatrice, et il croit qu'en fin de compte il y eut combinaison entre l'élément romain et l'élément germain.

M. Esmein, dans son *Histoire du Droit Français*, pense que la conquête barbare eut des effets différents quant aux personnes, quant à la propriété, quant aux lois. Quant aux personnes, il estime que la grande majorité des gallo-romains demeura libre. Quant à la propriété, il admet une dépossession partielle des Gallo-Romains, plus ou moins accentuée selon que l'on se place dans le royaume des Burgondes, dans celui des Wisigoths ou dans celui des Francs. Enfin quant aux lois, je le cite textuellement : « Les Gallo-« Romains, dans les royaumes barbares, conservèrent la jouissance « de leur droit et de leurs lois dans la mesure où cela n'était pas « absolument incompatible avec la conquête (1). »

Quel que soit le bien-fondé de ces diverses opinions, quelle que soit la part respective des deux éléments, germanique et romain, dans le résultat définitif, il n'en est pas moins acquis que les Barbares, que M. Demolins appellerait certainement race inférieure, entrèrent en Gaule comme les vainqueurs de la race romaine, certainement supérieure d'après la terminologie de M. Demolins. Ce seul fait suffirait à infirmer la thèse de l'écrivain de la *Science Sociale*. Que les Barbares aient imposé aux vaincus des conditions

(1) *Histoire de l'Etablissement de la Monarchie Française dans les Gaules.*
(2) p. 84.

plus ou moins douces, cela n'est que secondaire, dès lors qu'il est acquis qu'une race inférieure a pu envahir la race supérieure et la tenir à sa discrétion.

M. Demolins dira peut-être que ce n'est là qu'un accident et que la race romaine vaincue a fini, grâce à sa supériorité sociale, par s'assimiler la race barbare victorieuse. Je ne crois pourtant pas que l'on puisse être romaniste à ce point. Je veux bien que les Gallo-Romains aient conservé leur liberté, leurs lois et une très grosse part de leurs terres, mais je ne vois pas qu'ils les aient conservées autrement que par la concession des barbares et des rois barbares. Le *lex romana Wisigothorum* a été promulguée par Alaric, roi barbare, et la *lex romana Burgondionum* par Gondebaud, roi barbare. D'autre part, la monarchie franque est essentiellement barbare, barbare par la race de ses représentants, barbare par sa conception, barbare par ses lois fondamentales. S'il est déraisonnable d'admettre la disparition totale de l'élément romain, il l'est au moins autant de croire à la disparition de l'élément germanique. La vérité est qu'il y a eu fusion de l'un et de l'autre, dans une proportion qu'on ne peut déterminer exactement, mais qui, en tous les cas, peut laisser espoir aux races inférieures de garder quelque influence dans les destinées du monde.

D'ailleurs, la persistance de l'élément romain n'est pas due seulement à ce que les Romains furent la race supérieure. Lorsque les tribus franques vinrent en Gaule, elles y trouvèrent l'Église, l'Église les convertit et les civilisa ; les barbares protégèrent l'Église qui protégea à son tour les Gallo-Romains vaincus. Or l'Église des Gaules était romaine, romaine non seulement au sens religieux du mot, mais romaine parce qu'elle usait de la langue latine et parce qu'elle continue à vivre sous l'empire de la législation romaine. Supprimez-la par la pensée du territoire envahi des Gaules. Qu'y serait devenu l'élément romain, malgré sa supériorité sociale ? Sans doute il eut été détruit et absorbé, et sur l'ancienne civilisation romaine, se serait établie l'ignorance barbare. Mais l'Église, en même temps qu'elle sauvegardait les vaincus, sauvegardait aussi les débris de la civilisation ; les barbares avaient été les instruments de Dieu pour détruire la civilisation païenne de Rome, l'Église fut à son tour l'instrument divin qui refit une nouvelle civilisation, toute chrétienne celle-là, pour la nouvelle race issue de la fusion des vainqueurs et des vaincus.

Et précisément, avec cette civilisation nouvelle, devait naître un droit nouveau, applicable aux individus comme aux sociétés, droit fondé sur les principes de la morale, droit supérieur à la force, en dépit de ceux qui regardent la force, rebaptisée sous le nom de supériorité sociale, comme l'*ultima ratio* des rapports internationaux.

***

Ainsi donc, les faits historiques, examinés d'un peu plus près que ne l'a fait M. Demolins dans son article, démentent cette fatalité, prétendue inexorable, qui pèserait sur les peuples inférieurs. La chute successive des plus grands empires du monde prouve au contraire qu'il n'existe pas de peuple, aussi supérieur qu'on le suppose, qui puisse se vanter d'avoir comme l'Eglise l'assurance de durer jusqu'à la consommation des siècles.

L'éviction des races inférieures par les races supérieures, telle est la grande loi sociale, a dit M. Demolins. Si l'éminent publiciste a voulu entendre par là qu'il s'agissait d'une sorte de loi physique, les faits le démentent, car encore une fois les lois physiques sont inéluctables, agissent inintelligemment, n'admettent point d'exceptions. Si une seule fois un corps inerte, plus pesant que l'atmosphère, demeurait en l'air par sa propre force, les lois de la pesanteur cesseraient d'être des lois physiques, parce qu'elles cesseraient d'être inéluctables.

Et comme la loi sociale découverte par M. Demolins, comporte une et plusieurs exceptions, elle n'est pas une loi au sens en quelque sorte mécanique où son inventeur paraît l'entendre.

Qu'est-elle donc ? Est-elle une loi morale ? A la vérité, M. Demolins le laisse croire. Nulle part il ne le dit explicitement, mais une perpétuelle équivoque entre le droit et les faits règne d'un bout à l'autre de son article : la prédominance des races supérieures existe, donc elle est légitime, tel est le sophisme qui découle de chacune des pages écrites par M. Demolins. On a dit que l'économie politique, était amorale et justement l'on a répondu que si elle était amorale, elle deviendrait vite immorale. De même qu'il en est pour l'arbre comme pour la branche, il en est pour la science sociale comme pour l'économie politique. La science sociale de M. Demolins ne recherche que ce qui est, et pas ce qui devrait être. Elle commence par se tromper sur ce qui est, puis elle finit par confondre ce qui est ou lui paraît être avec ce qui devrait être. En d'autres termes, en recherchant seulement ce qui est, elle est amorale ; en confondant ce qui est avec ce qui devrait être, elle devient immorale.

Non, mille fois non, ce n'est pas là de la vraie, de la saine science sociale, parce que la vraie et saine science sociale, comme la vraie et saine économie politique doit rechercher d'abord par l'observation quels sont les faits, puis s'appuyant sur la morale comme sur une science auxiliaire, rechercher dans les faits où est le droit, et tendre à harmoniser l'un avec les autres.

M. Demolins a oublié tout cela ; comme le disait M. Nogues, en le réfutant dans l'*Association catholique* (1) : « S'est-il appuyé sur « le droit des gens, sur la loi naturelle, sur le Décalogue qui est « la loi, la vraie loi que son maître Le Play regardait comme la « base sur laquelle reposent le bonheur, la grandeur, la prospérité ? » Pas une seule fois dans son article, l'écrivain de la *Science sociale* ne parle ni du droit des gens, ni de la loi naturelle, ni du Décalogue, ni même du Dieu qu'il adore et qui est la source de tout bien et de tout droit. Les faits seuls l'hypnotisent. Nous avons dit qu'il les avait vus de bien haut et de bien loin ; il nous reste à dire que le droit, à son tour, lui donne tort.

Et d'abord, pour rester fidèle au plan que nous nous sommes tracé au début de cette étude, demandons-nous si la supériorité sociale, plus ou moins arbitrairement confondue avec l'intérêt du genre humain, peut légitimer les conquêtes violentes.

Une question préalable se pose. Qu'est-ce que la supériorité sociale ? ou plutôt puisqu'il s'agit de M. Demolins, qu'entend M. Demolins par ce mot supériorité sociale ?

Jusqu'à ces derniers jours, je ne connaissais pas de définition de

(1) *Association catholique*, 15 décembre, 1899, p. 539.

la supériorité sociale donnée par le savant écrivain, et j'en avais cherché vainement dans son maître-ouvrage : *A quoi tient la supériorité des Anglo-Saxons ?*

Il est vrai que ce livre, devenu presque célèbre, en indiquant *les causes* de la supériorité des Anglo-Saxons, pouvait servir par la voie de la déduction à établir *ce qu'est* cette supériorité, et par conséquent ce qu'est la supériorité sociale, en général.

Or, d'après M. Demolins, les causes de la supériorité anglo-saxonne sont : le régime scolaire et le mode d'éducation auxquels l'écrivain paraît attribuer une influence prépondérante, puis le mode d'établissement au foyer, le personnel politique et sa composition, l'inaptitude au socialisme, enfin la conception de la Patrie et de la solidarité.

Il ne rentre pas dans le cadre de cette étude de ressusciter les polémiques que souleva l'apparition du livre de M. Demolins.

Ces polémiques sont loin d'être closes, et tout récemment encore M. Alfred Fouillée écrivait dans la *Revue des Deux Mondes*, un article où il niait la prétendue infériorité des races latines, et par contre-coup la supériorité des peuples anglo-saxons (1).

De tout ce qui a été écrit sur le livre de M. Demolins, et même des éloges dont il a été couvert et auxquelles nous n'avons pas l'outrecuidance de contredire, il paraît résulter que si tout le monde s'incline (on s'inclinait hier encore) devant la grande puissance des peuples anglo-saxons, leur supériorité, en quelque sorte congénitale, était rien moins qu'universellement admise.

Et si, au lieu d'envisager cette supériorité elle-même, on envisageait les causes que M. Demolins lui assigne, le désaccord sur beaucoup d'entre elles apparaîtrait plus complet encore.

Mais nous n'en sommes plus aujourd'hui à rechercher quelles sont les causes de la supériorité sociale, d'après M. Demolins. L'essence, le substratum de la supériorité des races et des peuples nous les connaissons enfin, et c'est le dernier numéro de la *Science sociale* qui nous apporte cette révélation, sous la plume même de son éminent collaborateur.

(1) *Revue des Deux Mondes*, 1er décembre 1897, *Races latines*, par M. Alfred Fouillée. L'article de M. Fouillée ne constitue pas une réfutation directe du livre de M. Demolins.

M. Jules Lemaître avait, paraît-il, reproché à M. Demolins de parler toujours de la supériorité sociale sans la définir jamais, et M. Demolins — en même temps qu'il réfute divers contradicteurs de son premier article : *Boërs et Anglais* — lui répond par la note suivante que nous voulons mettre intégralement sous les yeux de nos lecteurs :

« La supériorité sociale appartient aux races capables de mettre « un territoire en valeur au plus haut degré, par un travail *personnel*, « *suivi* et *intense* ; capables ensuite *d'ouvrir largement ce territoire* « *à tous les peuples*, et de l'adapter à tous les progrès.

« C'est par cette double aptitude que ces races sont dans toute la « force du terme, les pionniers de la civilisation.

« Dans l'antiquité, ce sont les Romains qui ont eu surtout cette « aptitude ; c'est ce qui a fait la longue prépondérance des races « latines.

« A notre époque, ce sont les Anglo-Saxons.

« Il n'y a pas d'œuvre plus urgente que de crier cela sur les toits, « afin de ne pas laisser à la race anglo-saxonne le monopole de cette « supériorité. Travaillons à la donner aux Français. »

Voici donc quelle est la supériorité sociale, voici quelles sont ses causes, et voici quelle est la race qui la détient aujourd'hui.

Tout cela est-il bien exact ? Est-ce bien là la supériorité sociale ? en sont-ce bien les détenteurs ?

Et la supériorité sociale, entendue de cette façon ou d'une autre, est-elle réellement créatrice du droit ?

* * *

La définition de la supériorité sociale, que donne M. Demolins, est ou trop large ou trop étroite.

Elle est trop large, car qu'est-ce au juste que la mise en valeur d'un territoire ? Un peu tout ce qu'on veut, mise en valeur agricole, industrielle, commerciale, qui, selon les climats, selon les aptitudes de chaque peuple, selon l'enchaînement des circonstances historiques, peut affecter mille modalités différentes sans qu'il soit toujours possible, entre ces modalités, de distinguer laquelle indique nettement la supériorité sociale.

Et puis qu'entend M. Demolins par ces mots : « Race capable

« d'ouvrir largement un territoire à tous les peuples? » Cela aussi est trop large, flou et vague. Évidemment, un peuple qui s'obstinerait dans l'isolement et mettrait entre lui et les autres nations une muraille de Chine, ne donnerait pas une grande preuve d'intelligence et de civilisation. Et c'est encore et justement le propre de la Chine de vivre dans cette superbe méfiance des nations européennes, méfiance de l'aveugle volontaire à l'égard de la lumière. La Chine, en restant obstinément fermée, en ne s'ouvrant à l'Europe que par la force des armées ou par la persuasion d'une diplomatie appuyée sur des escadres, donne autant de preuves d'infériorité que le Japon en donne de supériorité, lorsqu'il s'assimile au progrès en même temps qu'il s'épanouit de plus en plus aux relations internationales.

Mais encore, s'il ne s'agit pas pour les peuples civilisés de suivre les exemples de Pékin, il leur importe de « ne s'ouvrir largement « aux peuples étrangers » qu'avec la prudence imposée par le souci de l'autonomie nationale, de la prospérité nationale et du maintien du caractère national.

Ainsi les Boërs ne me paraissent pas avoir donné une marque d'infériorité en n'ouvrant pas plus large la porte aux Uitlanders ; je considère même qu'en demeurant jaloux de leur autonomie, au risque de contrister MM. Chamberlain et Demolins, ils ont témoigné d'une sagacité et d'une prévoyance qui font honneur à leurs hommes d'État.

De même les peuples que la nécessité économique contraint au protectionnisme, ne donnent pas *ipso facto* une preuve d'infériorité. Le libre-échange est le régime naturel des peuples prospères ; il est facile aux Anglais de 1900 d'être libre-échangistes ; oui, la Grande-Bretagne est ouverte aux peuples étrangers et aux marchandises étrangères, mais ouverte comme un vaste entrepôt, une gigantesque maison de commission, un immense stock-échange ; elle vit en intermédiaire, et par conséquent en parasite, elle vit du tiers-pavillon (1), elle vit des autres et très peu d'elle-même, elle est à la

(1) Commerce français en 1899.

Entrée :	Par pavillon français.	4.779.137	tonneaux.
	Par pavillon étranger.	12.274.806	—
Sortie :	Par pavillon français.	4.420.135	—
	Par pavillon étranger.	7.052.956	—

Or, la part du pavillon anglais dans le pavillon étranger est environ des 4/5.
Autre statistique : constructions navales en 1899.

merci d'une flotte de croiseurs détruisant ses cargoboats, d'un blocus continental, d'un boycottage international ; elle évite tout cela grâce à sa diplomatie et grâce aux divisions des autres puissances ; sa grande supériorité commerciale vient d'une grande habileté diplomatique, mais la supériorité commerciale n'est pas toute la supériorité sociale, et si la supériorité commerciale anglaise tient au libre-échange, ce n'est pas à dire que le libre-échange soit nécessairement un signe de supériorité sociale.

Quant au maintien du caractère national, je sais bien que cela n'est pas le fort de M. Demolins, ni de tous les anglophiles qui voudraient élever les petits français à l'anglaise. C'est pourtant, et l'honneur d'un peuple, et le signe de sa force, que la conservation du génie national. Si la France a décliné depuis cent ans, est-ce pour avoir trop fermé les yeux aux exemples de l'étranger? Non, c'est pour avoir fermé les yeux sur son histoire, pour avoir renié son passé et ses traditions, pour avoir atrophié ce que M. Brunetière appelle « l'âme française ». Leur prétendue supériorité, les Anglo-Saxons la doivent, précisément d'après l'éminent académicien : « à ce « qu'ils sont, toujours et en tout, demeurés Anglo-Saxons. Ce qu'ils « sont, et quoi qu'ils soient, défauts et qualités mêlés et compensés, « ils le sont pour avoir mis à l'être une orgueilleuse obstination ; « et si nous voulons les imiter, la manière n'en est pas de les copier « servilement, ni de démarquer, pour ainsi dire, leurs habitudes, « mais d'être nous comme ils sont eux, Français comme ils sont « Anglais (1)... »

On ne saurait mieux dire, ni mieux prouver que la vraie supériorité d'un peuple n'est peut-être pas celle qui est enseignée par le fondateur de l'*Ecole des Roches*.

Si la définition de la supériorité sociale, d'après M. Demolins,

		NAVIRES	TONNAGE
	Total général :	1.360	2.460.498
dont			
	Angleterre	761	1.583.381
	Colonies anglaises	34	8.464

La Grande-Bretagne représente à elle seule 64,27 % du tonnage de la construction générale (*Moniteur maritime*, 11 Février 1900).

(1) F. Brunetière, *Discours de combat*, *les Ennemis de l'âme française*, p. 183.

est par certains côtés, trop large, elle est, par d'autres, trop étroite.

Elle n'envisage tout d'abord qu'une supériorité *actuelle*, alors qu'il en est de la supériorité sociale comme de tous les états par lesquels passent l'humanité entière, les peuples et les individus : il y a des étapes, des périodes dans ces états. Un homme ne devient pas homme en un jour, et un peuple ne devient pas supérieur en un an. Comme il est des générations qui passent et des générations qui montent, il est des peuples qui reculent et des peuples qui progressent, des peuples à l'aurore de leur gloire, d'autres à leur apogée, d'autres à leur déclin.

Et ce serait une singulière théorie que la théorie de M. Demolins si elle aboutissait à l'absorption des races encore en voie de formation par les races parvenues à leur maturité.

Que dirait-on d'une loi civile, permettant aux hommes faits de tuer les enfants, sous prétexte qu'un homme fait est supérieur socialement et plus utile actuellement qu'un enfant ? Serait-ce une loi de progrès ou une loi de barbarie ?

Ce serait tellement une loi de barbarie qu'on n'en vit jamais de plus barbares chez les cannibales.

Et pourtant que nous dit M. Demolins ? Il nous dit : C'est la loi que les races supérieures absorbent les races inférieures. Mais ces races supérieures, elles ne le sont qu'actuellement ; et parmi ces races inférieures, beaucoup sont susceptibles de culture et de perfectionnement.

Tel est le cas des Boërs, peuple neuf, non encore arrivé au plein épanouissement de toutes ses qualités natives, mais qui — bien que M. Demolins l'assimile un peu témérairement à une nation demi sauvage — se révèle tous les jours comme susceptible de jouer plus tard un grand rôle dans le monde civilisé.

Et il faudrait que les Anglais, sous le prétexte de leur supériorité de façade, dont demain il ne restera peut-être plus que des ruines, étouffent le germe de cette civilisation afrikander au nom précisément de la civilisation !

Qu'on invoque la légitime défense, qu'on invoque la violation d'une convention, qu'on invoque le prétexte qu'on voudra, mais qu'on n'aille pas poser en pionniers de la civilisation ! Nous avons déjà vu les Etats-Unis se donner pour les libérateurs des Cubains et des Philippins, beaux libérateurs qui n'ont rien eu de plus pressé que de se substituer aux anciens maîtres de leurs libérés malgré eux.

L'Angleterre, en disant aujourd'hui qu'elle lutte pour la civilisation, offre au monde le même spectacle d'hypocrisie. La supériorité des races anglo-saxonnes, est-ce donc la supériorité du pharisaïsme?

La supériorité sociale est donc actuelle ou virtuelle, en acte ou en puissance; elle est aussi matérielle ou morale.

M. Demolins n'envisage que la supériorité actuelle; il est pareillement incomplet quand il passe sous silence la supériorité morale.

En vérité, pour un auteur qui ne voit d'autre droit que les faits, rien n'est plus logique et cette constatation justifie pleinement ce que nous disions plus haut : une science sociale *amorale* est condamnée à devenir *immorale*.

Mettre un territoire en valeur l'ouvrir aux nations, voilà la vraie supériorité ! *Greater Britannia* ! Mais accroître son empire par toutes les fourberies et tous les passe-droits — détruire de malheureux sauvages par le fer, le feu ou le poison — abrutir la race indienne par l'alcool, l'eau de feu – bombarder en pleine paix, au commencement de ce siècle, le port de Copenhague, — interner et faire mourir à petit feu, à Sainte Hélène, un héros qui s'en était remis à la générosité du peuple anglais, — persécuter, opprimer même l'Irlande, — laisser massacrer quelques centaines de mille Arméniens ou autres chrétiens orientaux, — mettre la main sur l'Egypte — violer à plusieurs reprises la foi des traités avec le Transvaal, — organiser le raid du docteur Jameson — tolérer un Chamberlain au pouvoir, — mépriser le droit des gens dans les guerres où l'on est engagé, — enfin présenter, dans la vie privée de ses nationaux une collection de vices comme on n'en voit peut-être nulle part ailleurs, — tout cela, toutes ces infamies, toutes ces iniquités que je rappelle, toutes celles plus nombreuses que j'oublie, cela n'est rien, ne compte pas. Les Anglo-Saxons sont la race supérieure, ils ont le droit !

Voilà le résultat qui condamne les théories de M. Demolins ! Je ne puis résister au désir de leur appliquer ces paroles par lesquelles M. Fouillée stigmatisait récemment les théories analogues qui proclament la dégénérescence des peuples Latins ! Elles « ne sont « qu'une des innombrables transformations du culte secret de l'hu- « manité pour la force et le succès. Les coryphées de la gloire anglo- « saxonne, au fond, cèdent à un sentiment d'utilitarisme plus ou « moins déguisé, à l'admiration pour l'*industrialisme*, pour le *com-* « *mercialisme*, et, à parler net, pour l'argent. Sous le nom de « *volonté*, semblablement les flatteurs de l'Angleterre, de l'Amé- « rique, de l'Allemagne, n'adorent-ils point trop souvent la force « individuelle, la force qui prime le droit chez les individus comme « chez les peuples, qu'elle soit *anglo-saxonne* ou *germanique* ? Ils « répètent aux jeunes gens ; Soyez pratiques ! Soyez énergiques ! « Traduction trop fréquente : Soyez brutaux ! Enrichissez-vous par « tous les moyens. Le succès justifie tout (1) ».

***

Les Anglo-Saxons peuvent avoir une supériorité commerciale, coloniale ou industrielle. Encore faudrait-il prouver que c'est là la résultante d'une supériorité de race, et non pas simplement le fruit d'événements heureux ou d'une habile politique. Les peuples, en dépit de l'adage, n'ont pas toujours le gouvernement qu'ils méritent ; l'infériorité momentanée des nations latines est le corollaire de l'insuffisance de leurs gouvernants, bien plus que le signe d'une décadence irrémédiable de la race même. L'Italie et l'Espagne pourront un jour trouver leur relèvement dans leur plus grande fécondité, et la France n'est pas si épuisée que le problème de la dépopulation y soit insoluble.

Donc, même au point de vue matériel, alors surtout que l'Allemagne la rattrape à pas de géants, l'Angleterre n'a qu'une suprématie contestable et en tout cas vulnérable. Mais, encore une fois, si du point de vue matériel, on passe au point de vue moral, tout le système de M. Demolins et des anglophiles s'écroule, l'œil de l'observateur cherche en vain chez les races anglo-saxonnes le signe d'une prééminence morale, voire même simplement intellectuelle.

En fait de morale, l'Angleterre ne tient de record que celui de la pudibonderie ; en fait de choses de l'esprit, elle et les États-Unis ont tout rapetissé à l'échelle monétaire du shelling ou du dollar.

(1) M. A. Fouillée, *art. cité*, p. 885.

Il y a des savants, des littérateurs et des poètes chez les peuples anglo-saxons, mais moins qu'en l'Allemagne, moins que chez les peuples latins, moins surtout qu'en France, cette terre bénie et féconde dans laquelle ont germé et germent encore tant d'idées et tant d'enthousiasmes.

La France est restée la reine du monde qui pense, si l'Angleterre est devenue la reine du monde qui trafique. Cette royauté-ci est trop éphémère pour que le dernier mot ne demeure pas quelque jour à cette royauté-là. M. Paul Deschanel, dans son récent discours de réception à l'Académie française le disait, sans pouvoir pour cela être taxé d'anglophobie : « Malheur aux nations qui n'ont pas d'idéal ! Elles sont vouées à une prompte et rapide décadence. »

***

De tout ce qui précède, une première constatation ressort : si la supériorité sociale peut être créatrice du droit, ce n'est en tout cas pas celle que conçoit et définit M. Demolins, supériorité incomplète, indécise et par-dessus tout totalement matérialiste. Mais il faut aller plus loin ; non, la supériorité sociale, de quelque manière qu'on l'entende, ne saurait à elle seule engendrer le droit ; la démonstration en est aisée.

Et tout d'abord, le droit, comme la morale et comme la vérité, est un. Rien ne peut à la fois être et ne pas être ; le contraire de la vérité s'appelle l'erreur, comme le contraire du bien est le mal. De même — au moins idéologiquement parlant, — il n'y a qu'un Droit. Le droit positif peut varier dans l'application qu'il fait des principes ou dans les questions ne mettant pas les principes en jeu, mais les principes sont immuables.

Ainsi si un homme est légitime propriétaire d'une chose, il l'est à l'exclusion de tout autre. Il peut bien y avoir des propriétés indivises ou collectives, mais alors les propriétaires ont le même titre. S'ils avaient des titres différents l'un de ces titres exclurait les autres, et celui-là seul qui le posséderait, serait véritable propriétaire. Autrement dit la propriété d'une même chose peut appartenir à un ou à plusieurs, mais il n'y a toujours bien qu'un seul et même droit de propriété.

Si le droit possède ce caractère d'unité c'est que sa source aussi est une ; c'est que le fait générateur du droit est un. Aussi distingue-t-on les modes originaires d'acquérir un droit et les modes dérivés. Les modes dérivés sont multiples, mais le mode originaire est unique. Ainsi autant de contrats différents, autant de modes dérivés d'acquérir la propriété, c'est-à-dire autant de manières de recevoir la propriété des mains de son détenteur actuel ; mais si une chose est sans maître, une seule manière de l'acquérir : l'occupation (1).

On peut disserter sur les conditions de validité de l'occupation, vouloir qu'elle soit confirmée par plus ou moins de travail ; le fond n'en reste pas moins le même, et l'unité du fait générateur ne s'en trouve pas détruite.

Revenons à M. Demolins : que nous présente-t-il avec sa supériorité sociale. Un nouveau mode *originaire* d'acquérir la souveraineté. S'insurge-t-il pourtant contre notre thèse de l'unité du mode originaire d'acquérir un droit ? Nullement, il la confirme même implicitement : « *Le monde*, dit-il, *n'appartient pas au premier occupant... il appar-* « *tient aux peuples qui possèdent la supériorité sociale.* »

Eh bien ! je demande à M. Demolins comment le premier homme a pu devenir propriétaire de quoi que ce fût, lui qui, faute de terme de comparaison, n'était ni inférieur ni supérieur à personne ; je demande à M. Demolins comment les premières tribus, comment même les premiers peuples ont pu légitimement posséder un territoire à une époque où toutes et tous étaient probablement également éloignés de toute civilisation, et alors surtout que se dispersant à travers le monde, ils perdaient contact entre eux. Ou bien il faut dire qu'il y a eu un autre mode originaire d'acquérir, ou bien si le monde n'appartient qu'à la supériorité sociale, il a dû longtemps n'appartenir à personne.

Et par une bizarre conséquence, aujourd'hui il n'appartient qu'à un seul. Le droit perdant son caractère d'absolu, devient relatif, il suit la courbe de la supériorité sociale. Les Cafres sont supérieurs aux Hottentots ; vivent les Cafres ! Les Boërs sont supérieurs aux Cafres, vivent les Boërs ! Mais les Anglais sont supérieurs aux Boërs, vivent les Anglais !

(1) En fin d'analyse, on peut ramener la prescription et l'accession à l'occupation.

Vivent les Anglais ! En vertu du fameux principe de la supériorité anglo-saxonne, d'après M. Demolins, tel devrait être le refrain de toutes les antiennes chantant la généalogie du droit de souveraineté. Les Anglo-Saxons peuvent aussi bien conquérir la Chine que le Transvaal, et la France que la Chine ; ils sont supérieurs à nous ; qu'ils viennent donc civiliser la France !

Cela me rappelle un épisode plaisant d'un ouvrage de Jules Verne qui faisait mon bonheur, il y a quelques quinze ans.

Le géographe Paganel rencontre en Australie un petit indigène, élève de quelque école baptiste ou anabaptiste anglaise et ne résiste pas au désir de lui faire passer un examen touchant sa science favorite. Et il demande à l'enfant : A qui est l'Australie ? — A l'Angleterre, monsieur. — Et l'Afrique ? — A l'Angleterre, monsieur. — Et l'Asie ? — A l'Angleterre. — Et l'Europe ? — A l'Angleterre. — Mais les États la Russie, l'Espagne, la France, etc. ? — Ce ne sont pas des États, ce sont des provinces anglaises, l'Espagne, capitale Gibraltar, la France, capitale Calais, gouverneur lord Napoléon. — et ainsi de suite. Le géographe reprit : Et la lune est-elle anglaise aussi ? — L'enfant répondit imperturbablement : Elle le sera, monsieur.

Jules Verne n'ajoute pas si le petit australien était un élève de M. Demolins.

Mais cessons de plaisanter : le système qui, poussé à l'extrême, aboutit à des résultats semblables, ne tient pas debout.

M. Demolins lui-même reculerait devant de semblables conséquences, et pourtant logiquement il ne le devrait pas, parce que son principe admis, tout autre repoussé, il ne peut plus trouver un seul argument interdisant au peuple supérieur n'importe quelle spoliation.

C'est dans toute sa beauté l'application de l'adage : La force prime le droit. Pourquoi même parler de droit ? Est-ce le droit que ce singulier privilège qui s'acquiert quand on est le plus fort, qui se perd quand on est le plus faible ?

Si c'est le droit, c'est le droit tel que le comprennent les duellistes ; et ce n'est pas un des côtés les moins curieux de la théorie de M. Demolins que sa parenté avec les préjugés mondains qui régissent les affaires d'honneur.

Seulement ici on aggrave ces préjugés. Le monde peut en effet considérer à tort que l'honneur est sauf lorsque les adversaires ont été sur le terrain, mais du moins ne dira-t-il pas que celui des combattants qui a été frappé, avait nécessairement tort. Le duel moderne n'est plus le jugement de Dieu des temps anciens où devait succomber le félon sous les coups du preux et loyal adversaire ; la victoire y est au plus adroit, au plus fort ou au plus heureux, le duel est injuste dans ses résultats, et cette injustice le condamne.

Alors, quand il s'agit non plus des individus, mais des peuples, pourquoi justifier, non pas la guerre en elle-même, mais les résultats de la guerre ?

Pourquoi dans le duel des nations, donner tort à celle qui succombe? Au point de vue juridique, tout démontre l'absurdité de cette thèse; au point de vue chrétien, l'Église la condamne en condamnant le duel ; au point de vue français, le tempérament national se révolte contre elle, et c'est le sang généreux répandu là-bas par des Français dans la guerre injuste qui se charge de désavouer les théoriciens admirateurs de la force.

Non seulement le système Demolins est condamnable parce qu'il confond la Force avec le Droit, mais aussi il a contre lui de priver le Droit de sa base fixe et de son criterium certain. Nous avons déjà indiqué la bizarrerie du droit *relatif* qu'il préconise : chaque peuple acquérant ou perdant le droit selon qu'il a affaire à un peuple inférieur ou supérieur à lui. Le Droit garde bien ainsi l'unité de sa source qui est la supériorité sociale, mais que de difficultés d'application !

Lorsqu'on prend l'occupation comme base du droit de souveraineté, on a au moins un criterium fixe : le fait originaire est facile à déterminer ; un tribunal arbitral, appelé à trancher un conflit entre deux États relativement à l'antériorité d'occupation d'un coin de territoire, trouvera dans l'histoire des éléments de détermination qu'il lui suffira de concilier d'autre part avec les conventions intervenues entre les parties en cause.

Mais supposons — la supposition fera rire — que le tribunal doive décider d'après la supériorité sociale. Elle est tout ce qu'on veut, la supériorité sociale, — nous l'avons montré plus haut. Quelle sentence rendront donc les arbitres ?

Non, la vérité a moins de détours, et peut-être est-ce encore la meilleure réponse à faire aux tenants de la supériorité sociale que celle-ci : Quand on a la prétention de déterminer les conséquences d'un fait, on commence par déterminer le fait lui-même ; si vous voulez juger du droit par la supériorité sociale, donnez-nous une bonne fois un bon moyen de reconnaître cette supériorité.

Mais la précision n'est pas le fort des novateurs.

On s'emballe sur une thèse, on lance un ou deux aphorismes pour la justifier, et on en tire ensuite les conséquences, sans même s'inquiéter de savoir si les preuves existent et suffisent. Les mots ont ainsi un pouvoir magique et leur mirage séduit plus que le raisonnement.

Qu'est-ce que la supériorité sociale? Un mot qu'on ne définit pas ou qu'on définit mal. A la chose que signifie ce mot, on accorde des droits, et comment justifie-t-on ces droits? Encore par un mot : intérêt social.

L'intérêt social est-il celui de toute la collectivité humaine? est-il seulement celui d'un membre de cette collectivité, c'est-à-dire d'un peuple? On ne nous le dit pas ; on ne nous dit même pas comment est toujours faisable la conciliation entre la supériorité sociale et l'intérêt social.

L'intérêt justifie tout; c'est de la morale utilitaire, et je ne l'aime guère; mais passons pour un moment; si l'intérêt social justifie tout, encore faut-il pour qu'il légitime les conquêtes faites au nom de la supériorité sociale, que supériorité et intérêt marchent d'accord.

Est-ce toujours le cas? que gagnera l'humanité à la guerre du Transvaal si les Boërs succombent? Les Anglais y acquerront peut-être de l'or, chèrement acheté au prix du sang. Et puis les Français, les Allemands, les Portugais, les Belges, rivaux de l'Angleterre sur le continent africain, ont-ils à y perdre ou à y gagner?

Peuvent-ils souhaiter un accroissement de puissance à un peuple qui n'est déjà que trop puissant? Et indirectement, cette considération ne touche-t-elle pas les autres pays qui, sans avoir en Afrique des intérêts immédiats, ont avec l'Empire Britannique des points de contact en d'autres parties du monde?

M. Demolins répondra, il est vrai, que sa thèse n'est pas faite pour un cas particulier, qu'il suffit qu'elle soit fondée en tant que thèse générale. Sa pensée se devine aisément, en effet : il croit au perfectionnement constant de l'humanité. La loi de l'humanité est de tendre toujours vers le progrès et la civilisation; il faut donc reconnaître certains avantages et certains droits aux peuples qui, par leur supériorité, sont les plus capables d'activer cette marche en avant.

Ainsi réduite, l'idée est acceptable. Mais, de ce que l'intérêt général est en fin de compte d'accord avec elle, il ne faudrait pas en déduire qu'il est aussi toujours d'accord avec la victoire des peuples supérieurs.

Voir augmenter la civilisation est une chose; voir triompher l'Angleterre en est une autre. C'est pour avoir confondu ces deux choses que M. Demolins a erré. Seulement, son erreur par confusion porte le dernier coup à sa thèse. Quand on présente une morale utilitaire, la moindre chose serait de lui donner pour base la véritable utilité.

***

Il ne suffit pas de démolir, il faut bâtir. Nous avons essayé de démontrer que la supériorité sociale n'était pas créatrice du droit; nous avons repoussé la morale utilitaire appliquée au droit des gens; il faut trouver autre chose.

La recherche ne sera pas longue. Fermement chrétien, je crois comme catholique que la morale chrétienne est seule bonne pour l'individu; je la crois aussi seule bonne pour les peuples.

Le mal dont a souffert la société du XIXe siècle, le mal dont il est à craindre que souffre aussi celle du XXe, c'est le manque d'unité dans les consciences humaines. Nous ne pâtissons pas tant parce que les méchants sont nombreux et très méchants, que par la faute des bons qui ne sont souvent qu'incomplètement bons.

Il semble aujourd'hui que tout homme ait le droit d'avoir deux consciences, l'une pour la vie privée, l'autre pour la vie publique. On vit bien comme homme, mal comme citoyen; on va à la messe et on vote pour les impies; on ne ferait tort d'un centime à personne, et on vend son vote comme député; on est franc, loyal, honnête dans les relations quotidiennes, et on ment sans cesse dans ses programmes et ses discours politiques.

Pourquoi? Parce qu'on a deux morales aujourd'hui, et que la morale des affaires publiques n'est pas la même que celle du foyer domestique.

Ce dédoublement qui s'observe chez les individus a sa répercussion dans les relations internationales. L'honneur, la loyauté, le respect de la parole donnée, la foi due aux traités, tout cela pèse dans la balance du plus honnête des hommes d'État, moins qu'une rangée de baïonnettes et une batterie de canons.

Là où il y a deux morales, il y a aussi deux droits, car le droit n'est qu'une partie appliquée de la morale. Aujourd'hui, de plus en plus, le droit public se singularise et fait bande à part. Le droit privé relève encore à peu près de la morale individuelle, le droit public relève de la morale politique, morale utilitaire ou morale relâchée. Les conséquences de cette évolution se font sentir peut-être plus encore en droit international que dans le droit interne, et c'est là contre qu'il faut réagir.

La tâche est lourde, tant les meilleurs esprits ont été pervertis, — il faut avoir le courage de le dire, — même chez les catholiques.

Qu'est-il donc, en effet, le mal que nous signalons, sinon la dernière incarnation de ce libéralisme catholique qui a été pendant tout ce siècle le germe hérétique répandu dans le cœur des croyants? C'est le libéralisme compliqué d'une autre erreur, non plus doctrinale celle-là, mais toute pratique et qui a déjà été baptisée l'*arrivisme*. Il faut arriver à tout prix à un résultat immédiat, dût-on passer sur les principes; on se met au goût du jour, et on se couvre du masque des erreurs modernes pour mieux les réfuter ensuite. On voyait jadis des loups prendre une peau de mouton pour entrer dans la bergerie; aujourd'hui ce sont les moutons qui vont parmi les loups avec une peau de loup. Ils s'y feront manger.

Voilà donc la profondeur du mal. Il n'en faut que lutter davantage contre lui et, pour y parvenir, la marche à suivre est celle-ci : renforcer d'abord la moralité privée, et améliorer, christianiser par là même le droit privé ; mais surtout, mais encore bien davantage, mettre la moralité publique en accord avec la moralité privée, et le droit public en harmonie avec l'idéal du droit individuel.

Et cela, comment? En introduisant dans les esprits cette grande vérité que les mêmes règles régissent et les rapports des hommes entre eux — droit privé — et les rapports des hommes avec l'État — droit public interne — et les rapports des États entre eux — droit international.

Malheureusement, dans ces deux dernières branches du droit, que de théories fausses ont été introduites qui ont dévoyé les esprits ! Souveraineté du peuple, contrat social, libertés imprescriptibles ou principe de non-intervention, maxime de la force primant le droit ; enfin, en dernier lieu, droits de la supériorité sociale, autant de mots, autant d'erreurs.

Prenons par exemple la théorie de la souveraineté du peuple au nom de laquelle tant de révolutions ont ensanglanté les pavés de Paris ; c'est l'erreur relative à l'origine du pouvoir. N'aurait-elle pas été victorieusement réfutée et combattue, si on avait su comprendre que le pouvoir est une propriété comme une autre, propriété à charges, soit, mais propriété susceptible d'être collective ou individuelle, mais ne se perdant pas par le caprice de tous ou de quelques-uns, une fois qu'elle a été légitimement acquise par les *modes ordinaires d'acquérir la propriété*? (1)

Et de même, dans les rapports internationaux, supposez qu'au lieu de regarder les États comme des unités juridiques régies par des règles de morale particulières, on les regarde comme des sujets de droit ordinaires, comme des hommes, conséquence immédiate : les États sont à l'égard les uns des autres comme des propriétaires entre eux, la souveraineté du territoire est une propriété, s'acquérant ou se perdant comme telle, propriété grevée de charges — ce correctif est toujours nécessaire en droit public, — mais propriété quand même.

(1) Cf. Mis de Vareilles-Sommières, *Principes fondamentaux du droit*. Notre maître, M. de Vareilles, aura ce très grand honneur d'avoir été le premier à comprendre dans sa théorie sur l'origine du pouvoir cette parenté de la propriété et de la souveraineté.

Cette théorie est la seule vraie parce qu'elle est la seule morale ; pour s'en être écartés, pour avoir fabriqué de toutes pièces un droit public, interne et externe, basé sur d'autres principes, les théoriciens et les publicistes ont fini par faire des États libéraux d'abord, et révolutionnaires après, et sur le tout, ils sont en train, — avec l'aide de la diplomatie qui les y a devancés — de bâtir une société internationale anarchique où l'on se croise les bras quand le fort égorge le faible, et dans laquelle M. Chamberlain instaure le droit nouveau de l'utilitarisme, aux applaudissements des adorateurs de la supériorité sociale.

Si M. Demolins, qui réfléchit tant et si profondément, s'était seulement donné la peine d'établir ce parallélisme entre le droit privé et le droit public, il aurait reculé lui-même devant les conséquences de sa théorie appliquée par le code civil.

Ce serait le socialisme, ou plutôt l'anarchie, ce serait tout propriétaire menacé d'être dépossédé par quiconque se sentant plus fort, plus intelligent ou mieux outillé que lui, pourrait lui dire : Je suis socialement supérieur à vous, parce que je suis plus utile que vous à la société, parce que je mettrais votre propriété mieux en valeur que vous ne le faites ; la maison est désormais à moi, c'est à vous d'en sortir.

Il faudrait ici reprendre tous les arguments en faveur de la propriété et nous sortirions ainsi de notre cadre. Ce que nous avons dit suffit d'ailleurs pour établir notre théorie : dans la société civile le mode originaire d'acquérir la propriété est l'occupation ; dans la société internationale, le mode originaire d'acquérir la souveraineté des territoires est également l'occupation. Dans un cas comme dans l'autre, il y a une foule de modes dérivés, résultant des conventions ; le respect des conventions est régi par les mêmes règles de droit et de morale dans l'un et l'autre droit, et voilà pourquoi au commencement de cette étude, en constatant que M. Demolins le passe sous silence, nous proclamions comme le second principe du droit de souveraineté, non moins incontestable que le premier : l'occupation.

***

Il nous resterait à dire qu'en appliquant ces deux principes à la guerre anglo-transvalienne, on aboutit à un résultat tout opposé à celui auquel est parvenu M. Demolins. Que les Boërs aient la priorité d'occupation, cela ne fait pas de doute (1). Que depuis ils se soient donnés des torts dans leurs rapports avec le peuple anglais, qu'ils aient foulé aux pieds les droits des sujets anglais ou les conventions passées avec l'Empire Britannique, rien ne le prouve, tout indique le contraire.

Ces dernières questions ont été étudiées avec une compétence incomparable par M. le Dr Kuyper, dans la *Revue des Deux-Mondes*, par M. Arthur Desjardins, dans le *Correspondant* (2), le premier se plaçant surtout au point de vue des faits récemment accomplis dans le Sud-Africain, le second étudiant les conventions anglo-boëres depuis la fondation des Républiques libres.

Faute de temps et de place, nous renvoyons nos lecteurs à ces deux études ; les commenter ou les analyser serait les affaiblir ; les compléter serait impossible. Nous avons d'ailleurs écrit ces pages, moins pour établir le bon droit des Boërs que tout le monde reconnaît que pour démasquer une théorie nouvelle, séduisante dans son ensemble, mais d'autant plus dangereuse. On nous pardonnera d'avoir critiqué vivement. La critique n'est jamais vive que quand la foi est ardente, et c'est avec une foi ardente de chrétien et de patriote, appuyée par la trop faible raison de l'homme, que je me révolte contre la dernière métamorphose de la théorie « de la raison du plus fort ».

(1) Abstraction faite évidemment des aborigènes. Il est vrai que ceux-ci ont été dépouillés par les Boërs, mais les Boërs étaient contraints par la nécessité, puisqu'ils étaient des bannis. Nous reviendrons d'ailleurs dans un autre article sur la colonisation chez les peuples sauvages au point de vue du droit des gens. Des abus qui ont pu se commettre, M. Demolins tire argument pour sa théorie. Nous expliquerons comment, *dans certains cas*, la colonisation peut se concilier à notre avis avec la priorité d'occupation.

(2) Dr A. Kuyper, la *Crise Sud-Africaine*, *Revue des Deux-Mondes*, 1er février 1900.

Art. Desjardins, *Le Transvaal et le droit des gens*, *Correspondant*.

Arras. — Imprimerie Sueur-Charruey, rue des Balances, 10.

Arras. — Imp. Sueur-Charruey, rue des Balances, 10.

www.ingramcontent.com/pod-product-compliance
Ingram Content Group UK Ltd.
Pitfield, Milton Keynes, MK11 3LW, UK
UKHW022008260726
13994UKWH00004B/1984

9 782329 066844